Popular Canadian Curriculum Series

Grade **5**

ISBN: 978-1-927042-17-5

Credits

Photos (Front Cover "children" Anatoliy Samara/123RF.com, "Chateau Frontenac" Susan Peterson/123RF.com
Back Cover "children" Dmitriy Shironosov/123RF.com, "classroom" Franck Boston/123RF.com, "children" Anatoliy Samara/123RF.com, "school bus" Thomas Bedenk/123RF.com)

Copyright © 2013 Popular Book Company (Canada) Limited

FrenchSmart is a registered trademark of Popular Book Company (Canada) Limited, used under licence.

All rights reserved. No part of this publication may be reproduced, stored in a retrieval system, or transmitted in any form or by any means, electronic, mechanical, photocopying, recording or otherwise, without the prior written permission of the Publisher, Popular Book Company (Canada) Limited.

Printed in China

Canadian Curriculum FrenchSmart

ISBN: 978-1-927042-17-5

Contents

ISBN: 978-1-927042-17-5

Les parties du corps

Body Parts

Vocabulary: Words for body parts

Expressions: « Voilà... » "Here is/are..."

Grammar: Possessive adjectives

> **Voilà ma langue!**
> *vwah·lah mah laang*
> Here is my tongue!

> **Voilà mes yeux!**
> *vwah·lah meh zyuh*
> Here are my eyes!

A. Copiez les mots.
Copy the words.

les cheveux
Les cheveux
leh shuh·vuh

le nez
le nez
luh neh

le menton
luh maan·tohn

les sourcils
leh soor·seey

l'œil
l'œil
lohy

la joue
la joue
lah joo

la bouche
la bouche
lah boosh

les lèvres the lips
_____
leh lehvr

le visage the face
le visage
luh vee·zahj

les oreilles the ears
les oreilles
leh zoh·ray

la peau the skin
la peau
lah poh

ISBN: 978-1-927042-17-5

le corps
the body
luh cohr

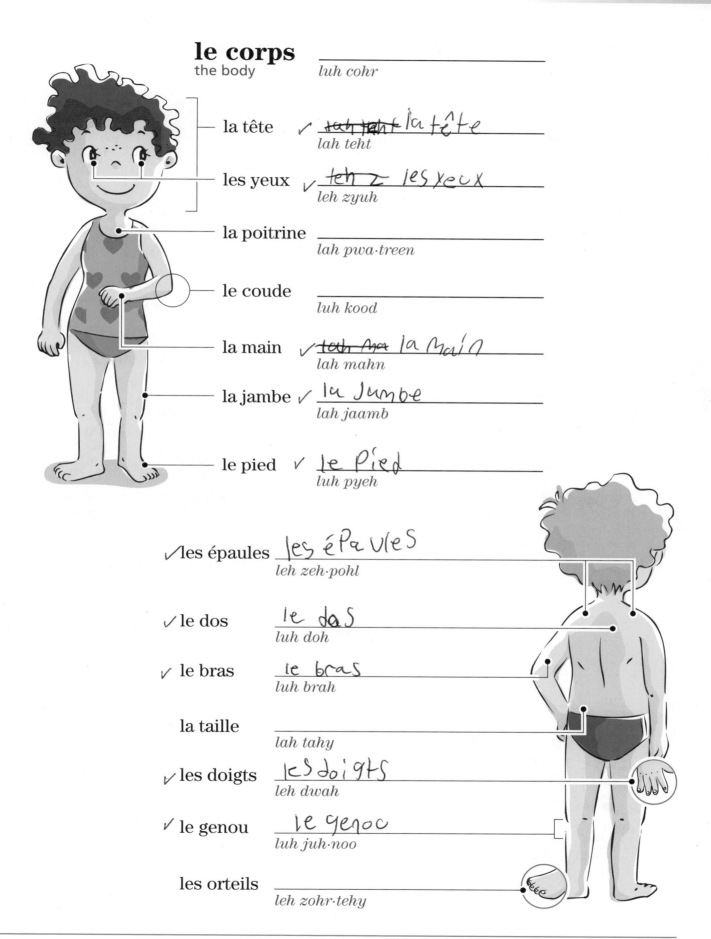

la tête — ✓ ~~tah teht~~ la tête
lah teht

les yeux — ✓ ~~teh z~~ les yeux
leh zyuh

la poitrine
lah pwa·treen

le coude
luh kood

la main — ✓ ~~tah ma~~ la main
lah mahn

la jambe — ✓ la Jambe
lah jaamb

le pied — ✓ le pied
luh pyeh

✓ les épaules — les épaules
leh zeh·pohl

✓ le dos — le dos
luh doh

✓ le bras — le bras
luh brah

la taille
lah tahy

✓ les doigts — les doigts
leh dwah

✓ le genou — le genou
luh juh·noo

les orteils
leh zohr·tehy

B. Remplissez les tirets pour écrire le nom des parties du corps.
Fill in the blanks to write the names of different body parts.

1.

l__ j__ __e

2.

l__ c__ __d__

3.

l__s o__e__l__ __s

4.

l__ n__ __

l__ __ou__h__

5.

l__s __our__i__s

l__ m__i__

6.

__es __ __ux

7.

l__s l__ __re__

8.

le__ g__ __oux

9.

__ __s c__ev__ __ __

ISBN: 978-1-927042-17-5

C. **Dessinez la partie du corps qui manque et ensuite écrivez son nom.**
Draw the missing part of the body and then write its name.

A _____

B _____

C _____

D _____

E _____

F _____

G _____

H _____

D. **Encerclez la partie du corps qui n'appartient pas au groupe.**
Circle the part of the body that does not belong to the group.

1. la bouche
   - les lèvres
   - la langue
   - l'orteil
   - les dents
     teeth
     leh daan

2. le visage
   - le nez
   - la joue
   - les sourcils
   - la poitrine

3. la tête
   - les cheveux
   - le doigt
   - le menton
   - la bouche

Les adjectifs possessifs
Possessive Adjectives

Possessing	one object		more than one object	
	f.	m.	m. / f.	
☺ **Singular (sg.)**	ma	mon	mes	les fleurs (f.pl.)
my	ma	mon	mes	**mes** fleurs
your	ta	ton	tes	my flowers
his/her	sa	son	ses	
☺☺☺ **Plural (pl.)**	notre		nos	**nos** fleurs
our	notre		nos	our flowers
your	votre		vos	
their	leur		leurs	

E. **Remplacez les articles par les adjectifs possessifs.**
Replace the articles with possessive adjectives.

Exception!

When a singular noun starts with a vowel, it always takes "mon/ton/son" even if it is feminine!

e.g. une oreille (f.sg.)

~~ma~~ oreille

mon oreille ✓

my ear

1.   le visage (m.sg.)   _____
                                   my face

2.   la bouche (f.sg.)   _____
                                   your (sg.) mouth

3.   les lèvres (f.pl.)   4.   le bras (m.sg.)

_____   _____
          his lips   her arm

5.   l'oreille (f.sg.)   6.   les genoux (m.pl.)

_____   _____
        your (sg.) ear   my knees

 Expressions

Voilà mon nez!
vwah·lah mohn neh

Here is my nose!

En anglais : In English	En français : In French
"Here is…"	« Voilà… » *vwah·lah*

F. **Traduisez et utilisez l'expression « Voilà » pour dire à qui les parties du corps appartiennent.**

Translate and use the expression "Voilà" to tell to whom the body parts belong.

1.

Voilà _____
my eyes

2.

_____
your elbow

3.

_____
his lips

4.

_____
her cheeks

5.

_____
my hand

6.

_____
my knees

7.

_____
his head

8.

_____
her ears

Vocabulary: Words related to daily activities

Grammar: Present tense of "-ER" verbs

Expressions: « Aimer » + infinitive

Nous aimons regarder le chien!
noo zeh·mohn ruh·gahr·deh luh shyahn
We like watching the dog!

A.   Copiez les mots.
Copy the words.

aimer
to like

_____

eh·meh

marcher
to walk

_____

mahr·sheh

regarder
to look/watch

_____

ruh·gahr·deh

penser
to think

_____

paan·seh

dessiner
to draw

_____

deh·see·neh

pleurer
to cry

_____

pluh·reh

rêver   to dream

_____

reh·veh

manger   to eat

_____

maan·jeh

sommeiller   to nap

_____

soh·meh·yeh

écouter
to listen

_____

eh·koo·teh

danser
to dance

_____

daan·seh

aider
to help

_____

eh·deh

étudier
to study

_____

eh·tew·dyeh

donner
to give

_____

doh·neh

parler
to talk

_____

pahr·leh

B. **Écrivez la lettre correspondante devant le verbe.**
Write the corresponding letter in front of the verb.

◯ **regarder**

◯ **dessiner**

◯ **étudier**

◯ **manger**

◯ **parler**

Les pronoms repris
Pronouns Revised

Replace the subject of the sentence with the correct personal subject pronoun to decide which verb ending to use.

e.g. <u>Mon chien</u> (m.sg.)
→ il (m.sg.)

<u>Marie et Pierre</u> (m.pl.)
→ ils (m.pl.)

		Noun	Pronoun
masculine	singular	il
	plural	ils
feminine	singular	elle
	plural	elles
moi et (another person)		nous
toi et (another person)		vous

C.   **Remplacez les noms par le bon pronom sujet.**
Replace the nouns with the correct subject pronoun.

il   ils   nous   vous   elle   elles

1.

tes cousins et toi
your cousins and you
_____

2.

les hommes
lehz·ohm
the men
_____

3.

moi et mon amie
me and my friend
_____

4.

les filles
leh feey
the girls
_____

Grammar

Les verbes du 1er groupe
Verbs of the 1st Group

Some infinitives end in "-ER". These belong to the 1st group of verbs.

"-ER" verb endings		e.g. infinitive: aim**er**	
Je	-e	J' aim**e**	
Tu	-es	Tu aim**es**	
Il/Elle	-e	Il/Elle aim**e**	
Nous	-ons	Nous aim**ons**	
Vous	-ez	Vous aim**ez**	
Ils/Elles	-ent	Ils/Elles aim**ent**	

Most "-ER" verbs take these endings. All you need to do is replace the "-ER" in the infinitive with these endings!

e.g. Tu + penser

penser
pens-
pens-es

Tu pens**es**.

D. **Écrivez la bonne forme du verbe.**
Write the correct form of the verb.

1. Vous _____ .
   étudier

2. Elles _____ .
   aider

3. Je _____ .
   parler

4. Tu _____ .
   regarder

5. Ils _____ .
   pleurer

6. Nous _____ .
   rêver

7. Elle _____ .
   écouter

8. Il _____ .
   penser

ISBN: 978-1-927042-17-5

E. Écrivez la bonne forme du verbe.
Write the correct form of the verb.

nager

penser

marcher

parler

pleurer

danser

rêver

sommeiller

écouter

manger

A Jean _____ .

B L'étudiante _____ .

C Moi et ma mère _____ .

D Les cousins _____ .

E Le bébé _____ .

F Marie et son chien _____ .

G Lucie _____ .

H Le chien _____ .

I La fille _____ .

J Le garçon _____ .

Expressions

En anglais : In English	En français : In French
"I like...V-ing"	« J'aime + infinitif »

J'aime regarder la télévision!
jehm ruh·gahr·deh lah teh·leh·vee·zyohn
I like watching television.

Fifi aime sommeiller au soleil.
fee·fee ehm soh·meh·yeh oh soh·lehy
Fifi likes napping in the sun.

F. Construisez des phrases avec les mots donnés. Utilisez la construction « aimer + infinitif ».

Make sentences with the given words. Use the construction "aimer + infinitif".

1. Tu / aimer / danser

    Tu aimes _____ .

2. Je / aimer / dessiner / des tigres

    _____

3. Sophie / aimer / rêver / la nuit

    _____

4. Nous / aimer / parler

    _____

5. Vous / aimer / étudier / le français

    _____

6. Ils / aimer / manger / leurs légumes

    _____

Vocabulary: Words that describe feelings

Grammar: Masculine/feminine adjectives related to feelings

Expressions: « Je suis... » "I am..."

Je suis fatigué.
juh swee fah·tee·geh
I am tired.

A. Copiez les mots.
Copy the words.

triste

_____
treest

drôle

_____
drohl

timide

_____
tee·meed

── **masculine** ──

heureux

_____
uh·ruh

happy

── **feminine** ──

heureuse

_____
uh·ruhz

happy

content

_____
kohn·taan

pleased

contente

_____
kohn·taant

pleased

ISBN: 978-1-927042-17-5

masculine

kind

gentil

_____

jaan·tee

angry

fâché

_____

fah·sheh

bored

ennuyé

_____

aan·nwee·yeh

excited

excité

_____

ehk·see·teh

tired

fatigué

_____

fah·tee·geh

effrayé

_____

eh·freh·yeh

scared

feminine

gentille

_____

jaan·teey

kind

fâchée

_____

fah·sheh

angry

ennuyée

_____

aan·nwee·yeh

bored

excitée

_____

ehk·see·teh

excited

fatiguée

_____

fah·tee·geh

tired

effrayée

_____

eh·freh·yeh

scared

B. **Reliez les images aux adjectifs correspondants.**
Link the pictures to the corresponding adjectives.

les expressions
leh zehks·preh·syohn
expressions

• effrayée

• excitée

• contente

• triste

• fâchée

C. **Dessinez une image pour chacune des phrases suivantes.**
Draw a picture for each of the following sentences.

1. Le garçon est triste.

2. La fille est fâchée.

Masculin (m.) ou féminin (f.)?
Masculine or feminine?

In French, adjectives can be one of the two genders: masculine or feminine.

Feminine adjectives usually have an additional "-e" at the end.

e.g. Paul est content (m.). → Marie est content**e** (f.).

Exception!

Some words stay the same.
e.g. triste (m./f.)

D. Mettez les adjectifs dans la bonne colonne selon leur genre.
Put the adjectives in the correct columns according to their gender.

gentille	triste	gentil	ennuyé	fâchée
ennuyée	fâché	fatigué	drôle	timide

ISBN: 978-1-927042-17-5

L'accord de l'adjectif avec le sujet
Subject–Adjective Agreement

In French, the subject of the sentence and the adjective describing it must agree in **gender** and **number**.

e.g. **Le chien** est **gentil**. The dog (m.) is nice.
The subject (le chien) and the adjective (gentil) are both masculine and singular.

Les chiennes sont **gentilles**. The dogs (f.) are nice.
The subject (les chiennes) and the adjective describing it (gentilles) are both feminine and plural.

E. **Encerclez l'adjectif qui s'accorde avec le sujet dans chaque phrase.**
Circle the adjective that agrees with the subject in each sentence.

1. Marie est **heureux** / **heureuse** .

2. Le chat est **ennuyé** / **ennuyée** .

3. Ma cousine est **gentille** / **gentil** .

4. Mon père est **fâché** / **fâchée** .

5. Les clowns (m.) sont **contents** / **contentes** .

6. Ma sœur est **excité** / **excitée** .

7. Notre directrice est **effrayé** / **effrayée** .

Expressions

En anglais :
In English
 	
"I am _____ ."
          adjective
	En français :
	In French
	
	« Je suis _____ . »
	          adjectif

When using the subject pronoun "Je", the adjective you use to describe yourself must agree with your gender (m./f.).

Je suis fâchée!
juh swee fah·sheh
I am angry!

Je suis heureux!
juh swee uh·ruh
I am happy!

F. **Utilisez la bonne forme des adjectifs pour vous décrire vous-même.**
Use the correct form of the adjectives to describe yourself.

1. | **excité / excitée** |

Je suis _____ .

2. | **gentil / gentille** |

Je suis _____ .

3. | **content / contente** |

Je suis _____ .

4. | **ennuyé / ennuyée** |

Je suis _____ .

5. | **heureux / heureuse** |

Je suis _____ .

6. | **fâché / fâchée** |

Je suis _____ .

Les viandes et les substituts

Meat and Alternatives

Vocabulary: Words for meat and alternatives

Grammar: Quel/Quels, Quelle/Quelles

Expressions: « Quel...préférez-vous? »
"Which...do you prefer?"

les viandes *les substituts*

> **Quel groupe alimentaire préférez-vous?**
> *kehl groop ah·lee·maan·tehr preh·feh·reh voo*
>
> Which food group do you prefer?

A. **Copiez les mots.**
Copy the words.

Les viandes
meat

leh vee·aand

La volaille
poultry

lah voh·lahy

le poulet
chicken

luh poo·leh

le canard
duck

luh kah·nahr

la dinde
turkey

lah dahnd

Les fruits de mer (m.)
seafood

leh frwee duh mehr

le poisson
fish

luh pwah·sohn

une moule
a mussel

ewn mool

la crevette
shrimp

lah kruh·vet

Les viandes rouges (f.)
red meat

leh vee·aand rooj

le bœuf
beef

luh buhf

l'agneau (m.)
lamb

lah·nyoh

le porc
pork

luh pohr

ISBN: 978-1-927042-17-5

Les substituts (m.)
alternatives

leh sewb·stee·tew

Les noix (f.)	**Les fèves** (f.)	**l'œuf** (m.)
nuts	beans	egg

---

leh nwah — *leh fehv* — *luhf*

l'arachide (f.)	les lentilles (f.)	le beurre d'arachide
peanut	lentils	peanut butter

---

lah·rah·sheed — *leh laan·teey* — *luh buhr dah·rah·sheed*

l'amande (f.)	le soja	le houmous
almond	soybean	hummus

---

lah·maand — *luh soh·jah* — *luh oo·moos*

le cajou	le haricot de Lima	le tofu
cashew	lima bean	tofu

---

luh kah·joo — *luh ah·ree·koh duh lee·mah* — *luh toh·foo*

la pacane	les fèves jaunes (f.)	les produits laitiers (m.)
pecan	wax beans	milk products

---

lah pah·kahn — *leh fehv john* — *leh proh·dwee leh·tyeh*

B. **Écrivez votre nourriture favorite pour chaque groupe alimentaire.**
Write your favourite food from each food group.

La volaille   Les fruits de mer   Les viandes rouges

C. Encerclez le mot qui n'appartient pas au groupe.
Circle the word that does not belong to the group.

1.
les fèves jaunes

les haricots

le bœuf

le soja

2.
le poulet

la dinde

la crevette

le canard

3.
le poisson

l'amande

les moules

la crevette

4.
le houmous

le bœuf

l'agneau

le porc

5.
la viande rouge

les fruits de mer

la volaille

l'œuf

6.
le poulet

le poisson

l'agneau

l'arachide

D. Écrivez le nom du groupe alimentaire auquel chaque animal appartient.
Write the name of the food group to which each animal belongs.

1.

le porc

2.

la dinde

3.

une moule

_____   _____   _____

E. Écrivez le nom des aliments représentés dans les images.
Write the names of the food in the pictures.

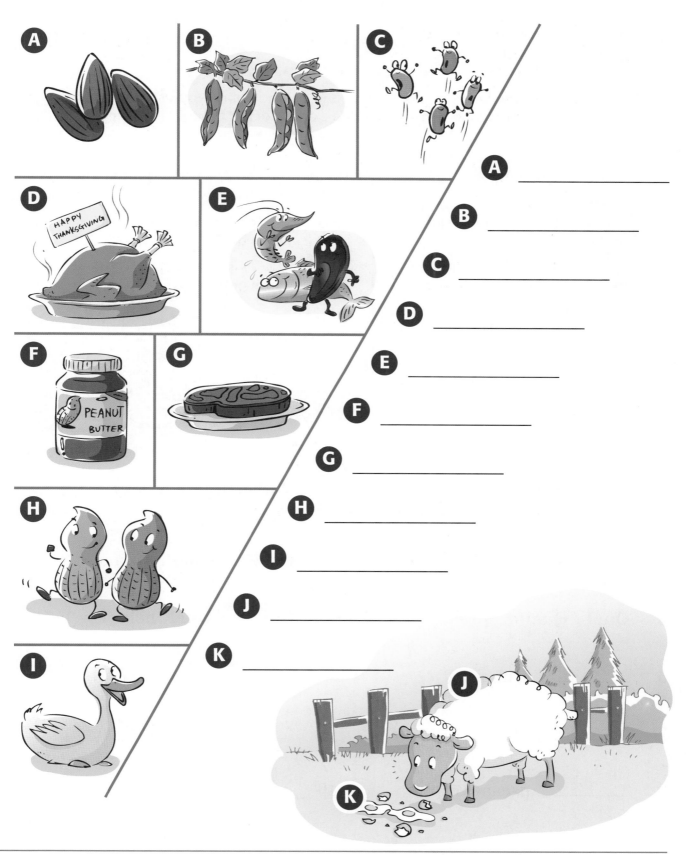

A _____

B _____

C _____

D _____

E _____

F _____

G _____

H _____

I _____

J _____

K _____

Grammar

Les adjectifs interrogatifs
Interrogative Adjectives

Quel/Quels vs. Quelle/Quelles

Quel?
kehl
Which?

In French, when you want to know which one or what thing, you use quel. Its form changes according to the number and the gender of the noun.

The different forms of the interrogative adjective:

masculine (m.)	singular (sg.)	quel
	plural (pl.)	quels
feminine (f.)	singular (sg.)	quelle
	plural (pl.)	quelles

The interrogative adjective must agree in **number (sg./pl.)** and **gender (m./f.)** with the noun that follows it.

e.g. Quel garçon? (m.sg.)
      Which boy?

      Quelles filles? (f.pl.)
      Which girls?

Quelle viande?
kehl vee·aand

Which meat?

F. **Encerclez ou écrivez la bonne forme de l'adjectif interrogatif.**
Circle or write the correct form of the interrogative adjective.

1. **Quel / Quels** poulet (m.sg.)?

2. **Quelle / Quelles** moules (f.pl.)?

3. **Quel / Quelle** crevette (f.sg.)?

4. **Quelle / Quel** noix (f.sg.)?

5. _____ œuf (m.sg.)?

6. _____ lentilles (f.pl.)?

7. _____ fève (f.sg.)?

8. _____ poissons (m.pl.)?

9. _____ pacanes (f.pl.)?

10. _____ arachides (f.pl.)?

Expressions

En anglais :
In English

"Which/what…do you prefer?"

En français :
In French

« Quel…préférez-vous? »
kehl…preh·feh·reh voo

**Quel   Quels
Quelle   Quelles**

They are all pronounced "kehl".

Quelle noix préférez-vous?
kehl nwah preh·feh·reh voo
Which nut do you prefer?

G.   Complétez les expressions en utilisant la bonne forme de l'adjectif interrogatif « quel ».

Complete the expressions using the correct form of the interrogative adjective "quel".

1.   Q__ __l   bo__ __f   préférez-vous?
(beef m.sg.)

2.   _____ préférez-vous?
(pork m.sg.)

3.   _____ préférez-vous?
(peanut f.sg.)

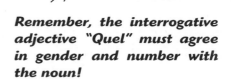

Remember, the interrogative adjective "Quel" must agree in gender and number with the noun!

4.   _____
(almonds f.pl.)

5.   _____
(seafood m.pl.)

Les céréales

Grains

Vocabulary: Words related to cereal grains

Grammar: Agreement of partitive articles:
du, de la, de l', des
"-GER" verbs of the first group

> **Miam! Je mange des crêpes!**
> *myahm juh maanj deh krehp*
> *Mmmm! I'm eating pancakes!*

A. Copiez les mots.
Copy the words.

les grains (m.)
grains

_____

leh grehn

le riz
rice

_____

luh ree

le pain
bread

_____

luh pahn

les craquelins (m.)
crackers

_____

leh krah·klahn

le maïs
maize

_____

luh mah·eess

les pâtes (f.)
pasta

_____

leh paht

les crêpes (f.)
pancakes

_____

leh krehp

le maïs soufflé
popcorn

_____

luh mah·ees soo·fleh

le blé
wheat

_____

luh bleh

le gruau
oatmeal

_____

luh grew·oh

les gaufres (f.)
waffles

_____

leh gohfr

ISBN: 978-1-927042-17-5

B. Écrivez le nom de l'aliment.
Write the name of the food.

1.  _____

2. 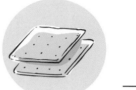 _____

3.  _____

4.  _____

5.  _____

6. _____

7.

A _____

B _____

C _____

C. Quels produits préférez-vous? Cochez vos réponses.
Which food items do you prefer? Check your answers.

◯ les pâtes   ◯ les craquelins   ◯ le maïs soufflé

◯ le pain   ◯ les gaufres   ◯ les crêpes

D. **Choisissez deux aliments que vous mangez à chaque repas. Ensuite construisez une phrase avec « Je mange (de)... ».**
Choose two things that you would eat at each meal. Then make a sentence with "Je mange (de)...".

> les crêpes   les gaufres
> les craquelins   le maïs
> le pain   le riz
> le gruau   le maïs soufflé

Remember:
Manger + de + uncountable noun

le déjeuner
breakfast

Je mange _____

_____ .

le dîner
lunch

_____

_____

le souper
dinner

_____

_____

E. **Qu'est-ce que chaque enfant mange? Complétez les phrases.**
What is each child eating? Complete the sentences.

Au déjeuner je mange _____ .
For breakfast, I eat some crackers.

Au dîner je mange _____ .
For lunch, I eat some bread.

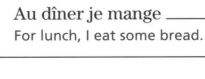

Au souper je mange _____ .
For dinner, I eat some rice.

L'accord des articles partitifs
Agreement of Partitive Articles

There are three partitive articles in French that introduce nouns: du, de la, and des. They mean "some" in English.

du   masculine, singular nouns

     e.g.   Je mange du maïs (m.sg.).
            I'm eating **some** maize.

des   masculine or feminine, plural nouns

     e.g.   Je mange des crêpes.
            I'm eating **some** pancakes.

de la   feminine, singular nouns

     e.g.   Je mange de la crème glacée (f.sg.). I'm eating **some** ice cream.

N'oubliez pas!
Don't forget!

"Du" and "de la" become **"de l'"** in front of nouns that start with a vowel or a silent "h".

     e.g.   Je mange **de l'**ananas (m.sg.).
            I'm eating **some** pineapple.

F.   **Remplissez les tirets avec le bon article partitif.**
     Fill in the blanks with the correct partitive articles.

1.   Je mange _____ céréales.
                   (f.pl.)

2.   Je bois _____ chocolat chaud.
                (m.sg.)

3.   Je mange _____ agneau.
                   (m.sg.)

4.   Je bois _____ lait au chocolat.
                (m.sg.)

5.   Je mange _____ lentilles.
                   (f.pl.)

6.   Je mange _____ quinoa.
                (m.sg.)

7.   Je mange _____ œufs.
                   (m.pl.)

8.   Je mange _____ laitue.
                (f.sg.)

Irregular Verbs of the 1ˢᵗ Group

Verbs Ending in "-GER"

Verbs ending in "-**GER**" belong to the first group and have the same endings as any other "-ER" verb except in the **first person plural**.

Nous partageons des craquelins.
noo par·tah·john deh krah·klahn
We are sharing some crackers.

singular	plural	"-GER" verbs:	
-ge	-geons	manger to eat *maan·jeh*	
-ges	-gez	nager to swim *nah·jeh*	arranger to arrange *ah·raan·jeh*
-ge	-gent	partager to share *par·tah·jeh*	changer to change *shaan·jeh*

G. **Complétez les phrases avec la bonne forme du verbe donné. Ensuite traduisez en anglais.**

Complete the sentences with the correct form of the given verbs. Then translate the sentences into English.

en français   en anglais

1. Vous _____ dans la piscine.   _____
    (nager)

2. Nous _____ nos papiers.   _____
    (arranger)

3. Ils _____ leurs chaussures.   _____
    (changer)

4. Tu _____ de la dinde.   _____
    (manger)

5. Nous _____ des biscuits.   _____
    (partager)

6. Elle _____ du pain.   _____
    (manger)

H. **Faites une phrase pour chacune des images. Utilisez le verbe « manger » avec la bonne forme de l'article partitif.**

Make a sentence for each of the pictures. Use the verb "manger" with the correct form of the partitive article.

A Le garçon mange du _____ .

B _____

C _____

D _____

E _____

F _____

ISBN: 978-1-927042-17-5

Les nombres : de 1 à 69

Numbers: 1 to 69

Vocabulary: Numbers: 1 to 69

Expressions: « ...est plus grand/plus petit que... »
"...is bigger/smaller than..."

Un est plus grand que deux!
euhn eh plew graan kuh duh
One is bigger than two!

plus
grand

A. Copiez les mots et remplissez les tirets où nécessaire.
Copy the words and fill in the blanks where necessary.

un 1	six 6	onze 11	seize 16
_____	_____	_____	_____
euhn	*seess*	*ohnz*	*sehz*
deux 2	sept 7	douze 12	dix-sept 17
_____	_____	_____	_____
duh	*seht*	*dooz*	*dees·seht*
trois 3	huit 8	treize 13	dix-huit 18
_____	_____	_____	_____
trwah	*weet*	*trehz*	*deez·weet*
quatre 4	neuf 9	quatorze 14	dix-neuf 19
_____	_____	_____	_____
kahtr	*nuh*	*kah·tohrz*	*deez·nuhf*
cinq 5	dix 10	quinze 15	vingt 20
_____	_____	_____	_____
sahnk	*deess*	*kahnz*	*vahn*

20
vingt

_____
vahn

vingt et u___
21 *vahn teh euhn*

vingt-q___ ___tr___
24 *vahnt·kahtr*

vingt-s___ ___t
27 *vahnt·seht*

vingt-de___x
22 *vahnt·duh*

vingt-c___ ___ ___
25 *vahnt·sahnk*

vingt-h___ ___t
28 *vahnt·weet*

vingt-tr___ ___s
23 *vahnt·trwah*

vingt-s___ ___
26 *vahnt·seess*

vingt-___ ___ ___f
29 *vahnt·nuhf*

ISBN: 978-1-927042-17-5

Follow the same format as the 20's for numbers 30 to 69. Just replace "vingt" with "trente, quarante, cinquante, soixante".

30
trente

_____
traant

trente et _____
31 *traant eh euhn*

32 *traant duh*

33 *traant trwah*

34 *traant kahtr*

35 *traant sahnk*

36 *traant seess*

37 *traant seht*

38 *traant weet*

39 *traant nuhf*

40
quarante

_____
kah·raant

quarante _____
41 *kah·raant eh euhn*

42 *kah·raant duh*

43 *kah·raant trwah*

44 *kah·raant kahtr*

45 *kah·raant sahnk*

46 *kah·raant seess*

47 *kah·raant seht*

48 *kah·raant weet*

49 *kah·raant nuhf*

50
cinquante

_____
sahn·kaant

cinquante _____
51 *sahn·kaant eh euhn*

52 *sahn·kaant duh*

53 *sahn·kaant trwah*

54 *sahn·kaant kahtr*

55 *sahn·kaant sahnk*

56 *sahn·kaant seess*

57 *sahn·kaant seht*

58 *sahn·kaant weet*

59 *sahn·kaant nuhf*

60
soixante

_____
swah·saant

soixante _____
61 *swah·saant eh euhn*

62 *swah·saant duh*

63 *swah·saant trwah*

64 *swah·saant kahtr*

65 *swah·saant sahnk*

66 *swah·saant seess*

67 *swah·saant seht*

68 *swah·saant weet*

69 *swah·saant nuhf*

B. Remettez les nombres à la bonne place.
Put the numbers in the correct place.

vingt-cinq	dix	cinquante-huit	trente-quatre
quarante	vingt-deux	cinquante-neuf	trente
cinquante et un	seize	quarante-six	soixante-six

0 – 39

_____

_____

_____

_____

40 – 49

_____

_____

_____

_____

50 – 59

_____

_____

_____

_____

60-69

_____

_____

_____

_____

ISBN: 978-1-927042-17-5

C. Écrivez les nombres qui manquent.
Write the missing numbers.

1. treize

    quatorze

    [   ]

    seize

2. dix

    vingt

    trente

    [   ]

3. [   ]

    six

    sept

    huit

4. cinquante-quatre

    cinquante-cinq

    cinquante-six

    [   ]

    [   ]

5.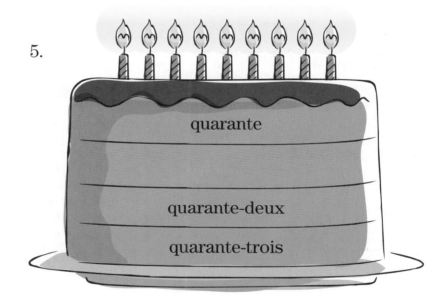

    quarante

    quarante-deux

    quarante-trois

6.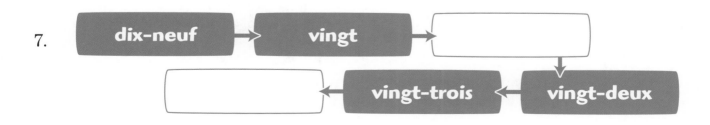

    trente → **trente-cinq** → **quarante**

    [   ] ← **cinquante** ← [   ]

7. **dix-neuf** → **vingt** → [   ]

    [   ] ← **vingt-trois** ← **vingt-deux**

D. Écrivez les nombres en chiffres dans la colonne à gauche et ceux dans la colonne à droite en lettres.
Write the numbers in the left column in digits and the ones in the right column in words.

1. neuf _____

2. cinquante _____

3. **quarante-sept** _____

4. **dix-huit** _____

5. cinquante-trois _____

6. quarante-quatre _____

7. **trente-six** _____

8. vingt-cinq _____

9. **55** _____

48 _____

26 _____

53 _____

31 _____

39 _____

64 _____

En anglais :
In English

"...is bigger than..."
"...is smaller than..."

En français :
In French

« ...est plus grand que... »
eh plew graan kuh

« ...est plus petit que... »
eh plew puh·tee kuh

Le numéro neuf est plus grand que le numéro deux!
luh new·meh·roh nuhf eh plew graan kuh luh new·meh·roh duh

Number nine is bigger than number two!

E. Encerclez la bonne réponse.
Circle the correct answer.

1. **Quatre / Quarante** est plus grand que *quatorze*.

2. **Quarante-sept / Huit** est plus petit que *neuf*.

3. **Cinquante / Cinq** est plus petit que *quinze*.

F. Traduisez les phrases en français. Écrivez les nombres en lettres.
Translate the sentences into French. Write the numbers in words.

1. 23 is bigger than 13.

   _____

2. 52 is bigger than 25.

   _____

3. 16 is smaller than 60.

   _____

Les métiers

Professions

Vocabulary: Words for common professions

Grammar: "Vous" as a polite form of "tu"

Expressions: « Il est (profession). »
"He is a (profession)."

Je suis médecin!
juh swee mehd·sahn
I am a doctor!

A. Copiez les mots.
Copy the words.

A un artiste

_____

euhn ahr·teest

B une musicienne

_____

ewn mew·zee·syehn

C une factrice

_____

ewn fahk·treess

D une policière

_____

ewn poh·lee·syehr

E un réalisateur

_____

euhn reh·ah·lee·zah·tuhr

F une actrice

_____

ewn ahk·treess

ISBN: 978-1-927042-17-5

G un fermier

euhn fehr·myeh

H un boucher

euhn boo·sheh

I un avocat

euhn ah·voh·kah

J une enseignante

ewn aan·seh·nyaant

K un plombier

euhn plohm·byeh

L un médecin

euhn mehd·sahn

M un infirmier

euhn ahn·feer·myeh

N une pompière

ewn pohm·pyehr

O une charpentière

ewn shahr·paan·tyehr

P un boulanger

euhn boo·laan·jeh

Q une dentiste

ewn daan·teest

ISBN: 978-1-927042-17-5

B. Écrivez le nom du métier correspondant.
Write the name of the corresponding profession.

A _____

B _____

C _____

D _____

E _____

F _____

G _____

H _____

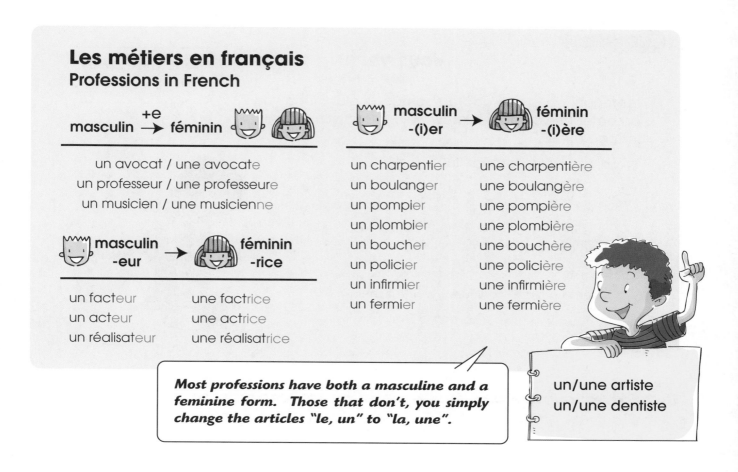

Les métiers en français
Professions in French

masculin $\xrightarrow{+e}$ féminin

un avocat / une avocate
un professeur / une professeure
un musicien / une musicienne

masculin -eur $\rightarrow$ féminin -rice

un facteur	une factrice
un acteur	une actrice
un réalisateur	une réalisatrice

masculin -(i)er $\rightarrow$ féminin -(i)ère

un charpentier	une charpentière
un boulanger	une boulangère
un pompier	une pompière
un plombier	une plombière
un boucher	une bouchère
un policier	une policière
un infirmier	une infirmière
un fermier	une fermière

Most professions have both a masculine and a feminine form. Those that don't, you simply change the articles "le, un" to "la, une".

un/une artiste
un/une dentiste

C. **Indiquez le genre de chaque métier en le reliant à la bonne image. Ensuite écrivez le genre opposé.**

Indicate the gender of each word by drawing a line to the correct person. Then give the opposite gender of each word.

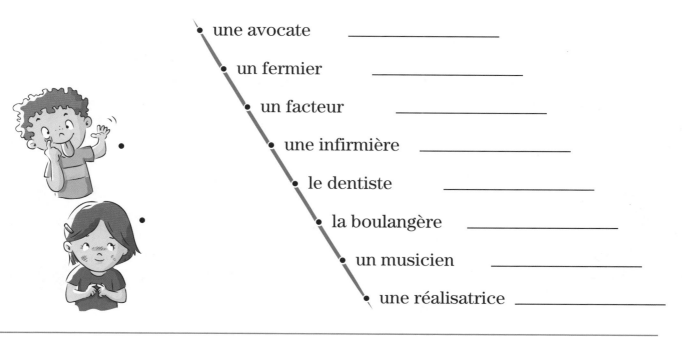

une avocate _____

un fermier _____

un facteur _____

une infirmière _____

le dentiste _____

la boulangère _____

un musicien _____

une réalisatrice _____

ISBN: 978-1-927042-17-5

Vous vs. tu

In French, when you address someone older than you or someone you do not know well, you must use "vous" instead of "tu".

"Vous" is a polite form of "tu".

"vouvoyer" = a verb used when you address someone politely using "vous"

e.g. Vous vouvoyez vos enseignants.
You use "vous" to address your teachers.

Voilà votre dîner!
Here is your lunch!

CHARLIE

D. **Écrivez « vous » ou « tu » pour addresser les personnes suivantes.**
Write "vous" or "tu" to address the following people.

1. your sister _____

2. the mail carrier _____

3. your doctor _____

4. your mom _____

5. your teacher _____

6. your cat _____

E. **Lisez les dialogues et encerclez la personne à laquelle le garçon parle.**
Read the dialogue and circle the person to whom each boy would be speaking.

1.

Vous êtes gentil.

son chien

son médecin

2.

Tu es heureuse.

sa sœur

sa boulangère

Expressions

In French, when you want to tell someone's profession, you leave out the article: "un/une ; le/la".

En anglais :
In English

"He/she is a _____ ."
                profession
e.g. He is a baker.

En français :
In French

« Il/elle est _____ . »
                métier
e.g. Il est boulanger.

Attention!

Monsieur [M.] *Mister, Sir*
muh·syuh

Madame [Mme] *Madam*
mah·dahm

Mademoiselle [Mlle] *Miss*
mahd·mwah·zehl

Bonjour Mademoiselle!
bohn·joor mahd·mwah·zehl
Hello miss!

Je suis musicien.
juh swee mew·zee·syahn
I'm a musician.

Bonjour Monsieur!
bohn·joor muh·syuh
Hello sir!

Je suis artiste.
juh swee zahr·teest
I'm an artist.

F. **Complétez chaque phrase avec le bon métier.**

Complete each sentence with the correct form of the profession.

M. Le Blanc   M. Laurent

Mme Dubois   Mlle Lucie

1. M. Le Blanc est _____ .

2. Mme Dubois est _____ .

3. Mlle Lucie est _____ .

4. M. Le Blanc et M. Laurent sont _____ .

5. Mme Dubois et Mlle Lucie sont _____ .

6. M. Laurent et Mme Dubois sont _____ .

Les expressions avec « avoir »

Expressions with "Avoir"

Vocabulary/Expressions: Expressions with « Avoir »

Nous avons chaud!
noo zah·vohn shoh
We are hot!

A. Copiez les mots.
Copy the words.

avoir raison to be right	**avoir soif** to be thirsty	**avoir chaud** to be hot
ah·vwahr reh·zohn	*ah·vwahr swahf*	*ah·vwahr shoh*
avoir tort to be wrong	**avoir faim** to be hungry	**avoir froid** to be cold
ah·vwahr tohr	*ah·vwahr fahm*	*ah·vwahr frwah*
avoir peur to be scared	**avoir de la chance** to be lucky	**avoir l'air** to seem
ah·vwahr puhr	*ah·vwahr duh lah shaans*	*ah·vwahr lehr*
avoir honte to be ashamed	**avoir sommeil** to be sleepy	
ah·vwahr ohnt	*ah·vwahr soh·mehy*	

ISBN: 978-1-927042-17-5

avoir du mal (à)
to have difficulty

—————————————

ah·vwahr dew mahl

avoir mal (à)
to have a pain (in)

—————————————

ah·vwahr mahl

avoir envie (de)
to feel like

—————————————

ah·vwahr aan·vee

avoir l'habitude (de)
to be in the habit of

—————————————

ah·vwahr lah·bee·tewd

avoir besoin (de)
to need

—————————————

ah·vwahr buh·zwahn

avoir (nombre) ans
to be (number) years old

—————————————

ah·vwahr aan

B. **Écrivez les expressions en français.**
Write the expressions in French.

1.   to be thirsty   —————————————

2.   to be ashamed   —————————————

3.   to have a pain (in)   —————————————

4.   to be six years old   —————————————

5.   to be right   —————————————

6.   to be wrong   —————————————

« Avoir » au présent
To have

Remember to use the correct form of the verb "avoir" and the correct pronoun with each expression.

singular	plural
j'ai I have	nous avons we have
tu as you (sg.) have	vous avez you (pl.) have
il/elle a he/she has	ils/elles ont they (m./f.) have

When there is no personal pronoun, use...
verb endings for

il m.sg.	a masculine noun/name
elle f.sg.	a feminine noun/name
ils m.pl.	groups with at least one masculine noun/name
elles f.pl.	groups of all feminine nouns/names

nous « ____ et moi » "____ and I"

vous « ____ et toi » "____ and you"

J'ai trois ans.
jeh trwah zaan

I'm three years old.

C.   **Donnez l'âge de chacun des personnages avec l'expression « avoir ____ ans ».**
Write each person's age with the expression "avoir ____ ans".

1.

   Tu – 13 ans

   _____

2. Jean – 32 ans   _____

3. Vous – 14 ans   _____

4. Marie – 6 ans   _____

5. Mon frère et moi – 9 ans   _____

6. Marc et Tom – 16 ans   _____

7. Ma sœur et toi – 11 ans   _____

ISBN: 978-1-927042-17-5

D. **Écrivez une phrase pour chaque image en utilisant l'une des deux expressions: « avoir faim/soif » et le bon pronom personnel.**
Write a sentence for each picture using one of the two expressions: "avoir faim/soif" and the correct personal pronoun.

A Je

B l'homme

C le fermier

D Jill et toi

E les filles

F Paul et Sylvie

A J'ai _____.

B _____

C _____

D _____

E _____

F _____

G _____

H _____

G tu

H Paul

E. **Écrivez ce dont chaque personne a besoin avec l'expression « avoir besoin de ».**

Write what each person needs with the expression "avoir besoin de".

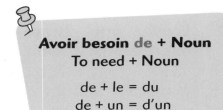

Avoir besoin de + Noun
To need + Noun

de + le = du
de + un = d'un
de + une = d'une

1.

Mme Dubois a besoin _____ .

2.

_____

3.

_____

4.

_____

5.

_____

6.

_____

ISBN: 978-1-927042-17-5

F. **Traduisez les phrases en français.**
Translate the sentences into French.

1. I am hot.

   _____

2. He is hungry.

   _____

3. She is right.

   _____

4. They are thirsty. (boys)

   _____

5. You are scared. (girls and boys)

   _____

Avoir l'air (+ Adj.)
e.g. Il a l'air **gentil**.

Avoir mal **à** (+ Nom du partie du corps)
e.g. J'ai mal aux **genoux**.

Avoir besoin **de** (+ Nom)
e.g. J'ai besoin de **chocolat**.

Avoir envie **de** (+ Infinitif)
e.g. J'ai envie de **jouer**.

Avoir l'habitude **de** (+ Infinitif)
e.g. J'ai l'habitude de **parler**.

Avoir du mal **à** (+ Infinitif)
e.g. J'ai du mal à **étudier**.

6. We have difficulty sleeping. _____

7. We are ashamed. _____

8. She has a toothache. _____

9. They (m.) feel like dancing. _____

10. You (sg.) are cold! _____

11. You (f.sg.) seem happy. _____

12. I need some milk. _____

13. Suzie has the habit of eating too much. _____

Les prépositions et les conjonctions

Prepositions and Conjunctions

Pierre?!

Vocabulary: Words for prepositions and conjunctions

Grammar: Using prepositions and conjunctions

Nous sommes sous la table!
noo sohm soo lah tahbl
We are under the table!

A. Copiez les mots.
Copy the words.

Les prépositions

à to, in, at

_____
ah

de of, from

_____
duh

sur on

_____
sewr

sous under

_____
soo

devant in front of

_____
duh·vaan

derrière behind

_____
deh·ryehr

dans in, inside

_____
daan

à côté de beside

_____
ah coh·teh duh

autour de around

_____
oh·toor duh

entre between

_____
aantr

avec with

_____
ah·vehk

sans without

_____
saan

après after

_____
ah·preh

avant before

_____
ah·vaan

contre against

_____
cohntr

ISBN: 978-1-927042-17-5

Les conjonctions

et and

ou or

mais but

_____
eh

_____
oo

_____
meh

puis then

parce que because

_____
pwee

_____
pahrs kuh

> **J'aime la crème glacée parce que c'est délicieux!**
> *jehm lah krehm glah·seh pahrs kuh seh deh·lee·syuh*
> *I love ice cream because it's delicious!*

B. **Regardez l'image et remplissez les tirets avec la bonne préposition.**
Look at the picture and fill in the blanks with the correct prepositions.

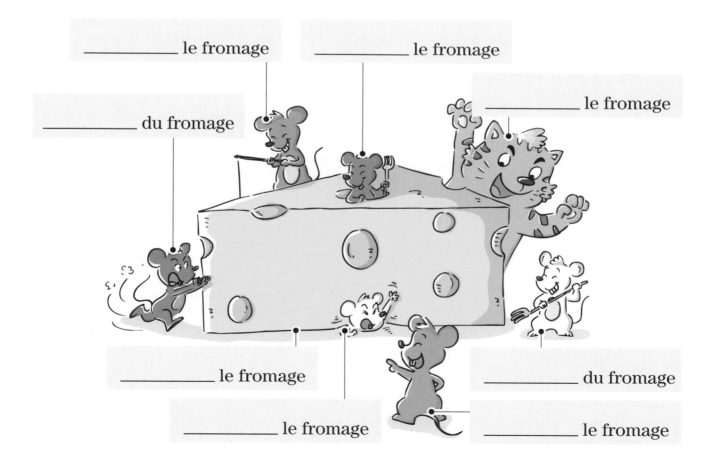

_____ le fromage

_____ le fromage

_____ le fromage

_____ du fromage

_____ le fromage

_____ du fromage

_____ le fromage

_____ le fromage

C. Encerclez la préposition dans chaque phrase.
Circle the preposition in each sentence.

1. Le pain est sur la table.

2. Sarah est dans la maison.

3. Pierre est avec son père.

4. Je suis devant ma sœur.

5. Tu es contre le mur.

6. Nous sommes sans lunettes de soleil.

7. J'ai besoin de mon manteau au printemps.

8. Vous courrez autour de la maison.

D. Choisissez la bonne préposition.
Choose the correct preposition.

1. **à / de**   Elle est _____ la maison.

2. **contre / après**   Je regarde la télévision _____ l'école.

3. **avec / sur**   Je danse _____ mes amis.

4. **sous / entre**   Le tapis est _____ la table.

E. Traduisez les conjonctions en français.
Translate the conjunctions into French.

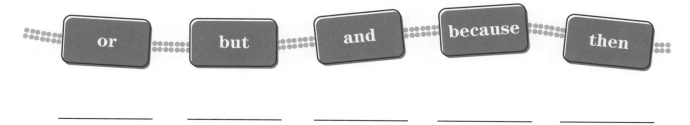

_____ _____ _____ _____ _____

F. Remplissez les tirets avec la bonne conjonction à l'aide de la traduction.
Fill in the blanks with the correct conjunctions with the help of the English translation.

1. Marie sommeille _____ elle est fatiguée.
   Marie is napping because she is tired.

2. Cours à l'épicerie _____ achète des pommes!
   Run to the grocery store and buy some apples!

3. Marche avec moi _____ cours!
   Walk with me or run!

4. La graine est petite _____ la plante est grande.
   The seed is small but the plant is big.

5.

> J'aime le poulet _____ le bœuf.
> I like chicken and beef!

N'oubliez pas!
Don't forget!

parce que + words starting with a vowel = parce qu'
e.g.   Il danse parce qu'il est content.
       He is dancing because he is happy.

G. **Complétez l'histoire de Marcel avec les prépositions ou les conjonctions qui conviennent.**

Complete Marcel's story with the correct prepositions or conjunctions.

Marcel va _____ l'école chaque jour _____ 8 h 30.
to · at

_____ il ne mange jamais son déjeuner _____ il aime dormir.
but · because

Aujourd'hui, Charlie, le chien _____ Marcel vient _____ son
of · in

lit _____ une tranche _____ pain _____ sa bouche.
with · · · · · · · · · · · · · of · · · · · · · · · · · · in

_____ Marcel ne veut pas se lever₁ _____ 8 h 30! Charlie
but · before

est ennuyé. Il commence₂ à courir _____ de son lit. Marcel n'est pas
around

content _____ il doit se lever.
but

1. *se lever – to get up*
2. *commencer – to start*

H. **Faites un dessin pour les phrases suivantes.**

Draw a picture that illustrates the sentences below.

Tim est dans sa chambre.
Il est sous son lit.
Sa balle est sur son lit.

I. Regardez les images et complétez les phrases avec la bonne conjonction ou la bonne préposition.

Look at the pictures and complete the sentences with the correct conjunctions or prepositions.

1.

La chatte est _____ la cage _____ elle a peur du chien.

2.

Le chaton joue _____ la boîte et _____ la table. Le ballon est _____ la table.

3.

14 h est deux heures _____ midi. 23 h est une heure _____ minuit. _____ midi nous mangeons le dîner.

4.

Le cadeau est adressé _____ Paul. Il est de la part _____ Nicole.
The gift is addressed to Paul. It is from Nicole.

Le zoo

The Zoo

Vocabulary: Words related to the zoo

Grammar: La négation « ne...pas »

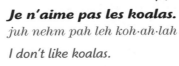
Je n'aime pas les koalas.
juh nehm pah leh koh·ah·lah

I don't like koalas.

A. Copiez les mots.
Copy the words.

le zoo
the zoo

_____
luh zoh

une cage
a cage

_____
ewn kahj

un gardien de zoo (m.)
une gardienne de zoo (f.)
a zookeeper

_____
euhn gahr·dyahn duh zoh/
ewn gahr·dyehn duh zoh

Les animaux à quatre pattes
Four-legged Animals

un guépard
a cheetah

_____
euhn geh·pahr

un jaguar
a jaguar

_____
euhn jahg·wahr

une girafe
a giraffe

_____
ewn jee·rahf

un lynx
a lynx

_____
euhn lahnks

un chameau
a camel

_____
euhn shah·moh

une antilope
an antelope

_____
ewn ahn·tee·lohp

un lion
a lion

_____
euhn lee·yohn

un lama
a llama

_____
euhn lah·mah

un hippopotame
a hippopotamus

_____
euhn ee·poh·poh·tahm

Les reptiles
Reptiles

une tortue
a turtle

ewn tohr·tew

une grenouille
a frog

ewn gruh·nweey

un crocodile
a crocodile

euhn kroh·koh·deel

un lézard
a lizard

euhn leh·zahr

un serpent
a snake

euhn sehr·paan

un caméléon
a chameleon

euhn kah·meh·leh·ohn

Les animaux nautiques
Sea Animals

un phoque
a seal

euhn fohk

un dauphin
a dolphin

euhn doh·fahn

une pastenague
a stingray

ewn pahs·tuh·nahg

Les oiseaux
Birds

*un héron
a heron

euhn eh·rohn

un flamant rose
a pink flamingo

euhn flah·maan rohz

un pélican
 a pelican

euhn peh·lee·kahn

un vautour
a vulture

euhn voh·toor

*un hibou
an owl

euhn ee·boo

un aigle
an eagle

euhn ehgl

* The "h" at the begining of "hibou/héron" is a consonant. ✗ hibou → le hibou

Les marsupiaux
Marsupials

un koala
a koala

euhn koh·ah·lah

un kangourou
a kangaroo

euhn kahn·goo·roo

Les ours
Bears

un ours
a bear

euhn oors

un panda
a panda

euhn paan·dah

ISBN: 978-1-927042-17-5

B. Écrivez le nom de chaque animal.
Write the name of each animal.

1.

_____

2.

_____

3.

_____

4.

_____

5.

_____

6.

7.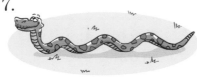

_____

8.

_____

_____

9.

A _____

B _____

C _____

D _____

ISBN: 978-1-927042-17-5

C. **Classifiez les animaux suivants selon la façon dont ils se déplacent.**
Classify the animals below according to the way they get around.

Dans le ciel
In the sky

_____

_____

_____

_____

Sur la terre
On land

_____

_____

_____

Dans l'eau
In the water

_____

_____

_____

_____

le chameau

la tortue

le pélican

la girafe

le vautour

le dauphin

le koala

la pastenague

le perroquet

l'ours

le phoque

le hibou

La négation : « ne...pas »
Negation

To make a sentence negative in French, the verb is put between the two negative adverbs "ne...pas".

e.g.   Je suis un garçon. → Je ne suis pas un garçon.
           verb   **verb**
        I am a boy.   I am not a boy.

• If the verb starts with a vowel, "ne" becomes "n'".

e.g.   J'aime mon chien. → Je n'aime pas mon chien.
        I love my dog.   I don't love my dog.

When using "ne...pas", "ne" goes before the verb and "pas" goes after the verb.

ne   verb   pas

D.   Mettez les mots dans le bon ordre pour écrire une phrase négative.
Put the words in the correct order to write a negative sentence.

1.   ne / Tu / sommeilles / pas.

    _____

2.   Il / ne / pas. / rêve

    _____

3.   Elle / pas / est / artiste. / n'

    _____

4.   n' / pas / Je / ai / chaud.

    _____

5.   avons / pas / cinq / Nous / n' / ans.

    _____

6.   sont / pas / Ils / ne / fâchés.

    _____

E. Encerclez la bonne phrase.
Circle the correct sentence.

1.

Elle ne pleure pas.

Elle pleure.

2.

Ils aiment leur voiture.

Ils n'aiment pas leur voiture.

3.

Mon frère lit.

Mon frère ne lit pas.

F. Écrivez les phrases au négatif.
Write the sentences in the negative.

1. J'ai sommeil. _____

2. Ils ont tort. _____

3. Vous êtes à l'hôpital. _____

4. Ma sœur regarde la télé. _____

5. Le chien rêve des chats. _____

6. Luc va au magasin. _____

7. Lucie et moi, nous étudions à la bibliothèque.

_____

A. Encerclez la bonne réponse.
Circle the correct answer.

1.

un serpent

une girafe

un guépard

2.

fâchée

ennuyée

effrayée

3.

soixante-trois

trente-six

soixante-six

4.

les gaufres

les pâtes

le gruau

5.

un infirmier

un médecin

une factrice

6.

donner

parler

dessiner

7.

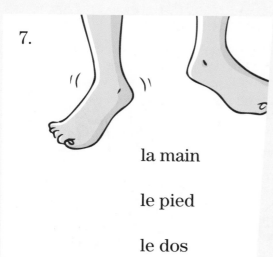

la main

le pied

le dos

8.

avoir sommeil

avoir froid

avoir chaud

9.

un hibou

un aigle

un lynx

10.

une actrice

une musicienne

une dentiste

11.

le soja

le poisson

la crevette

12.

regarder   parler   aider

B. Remplissez les tirets pour écrire les noms des objets.

Fill in the blanks to write the names of the objects.

A un b__ __ __ __a__ __e__

B l__ p__ __ __n

C __n __ __ __r__

D le m__ __ __s s__ __ __ff__ __ __

E u__ __ __li__ __ __ __

F qu__ __ __ __nte-__i__ __ __

G u__ __ __ f__ __ __tri__ __ __

H u__ __e__ __ __ __ __nt

I __ __ __n__t d__ __ __g__s

J l__ __ y__ __ __x

ISBN: 978-1-927042-17-5

C. Mettez les lettres dans les bons cercles.
Put the letters in the correct circles.

A Voilà...

B Je suis timide.

C Je mange...

D Elle a peur.

E dans la cage

F Nous!

G Quel...?

H mes craquelins

I un pompier

Which...?   Here is...

I eat...   my crackers

D. Écrivez les bonnes lettres dans les cercles.

Write the correct letters in the circles.

1. un œil x 6 = _____ .

A six yeux

B cinq doigts

C six œils

2. Nous aimons _____ .

A dansons

B parler

C étudies

3. La chienne est _____ .

A content

B fatiguée

C drôle

4. Alice est à la fenêtre.

A

B

C

ISBN: 978-1-927042-17-5

5. Cinquante se trouve entre quarante et soixante. ───── ◯

 A

14 < 15 < 16

B

40 < 50 < 60

C

4 < 5 < 6

6. Mon oiseau n'est pas dans sa cage. ───── ◯

 A

B

C

7. une jolie petite chèvre ───── ◯

A

B

C

8. Il a quatorze ans. ───── ◯

 A

B

C

ISBN: 978-1-927042-17-5

Faites les mots croisés.
Complete the crossword puzzle.

une montre
ewn mohntr

la terre
lah tehr

le parc
luh pahrk

un ananas
euhn ah·nah·nahs

une écharpe
ewn eh·shahrp

___1___ font un et un?

Tu ne ___2___ pas.

Voilà ton ___4___ !

J'aime la ___3___ !

Je porte une ___4___ !

Nous mangeons au __1__ .

Neuf est plus __2__ que dix!

Quel __3__ préférez-vous?

Mots cachés - Word Search

Trouvez les mots cachés dans la grille.
Find the words in the word search.

```
                                    b  è  g  l  o  s  m  f
                                    e  j  k  h  o  p  t  x
u  m  x  r  o  l  p  q  d  ô  q  b  è  s  p  b  h  s  c
e  û  w  k  i  k  i  q  d  j  b  c  r  ê  p  e  s  t  a
c  x  h  o  p  s  i  q  a  ï  q  b  è  s  j  k  o  t  a
g  k  d  q  r  t  q  g  c  d  f  u  d  è  p  i  s  o  a
i  i  g  d  i  o  i  a  i  g  l  e  j  a  i  i  e  r  o
v  j  w  h  a  t  b  n  m  r  g  y  n  d  e  u  r  t  c
q  c  d  c  o  e  ô  s  r  u  a  t  d  s  d  a  p  u  p
b  j  x  s  ô  s  s  o  j  a  a  f  o  i  a  k  e  e  o
v  a  m  d  b  k  f  d  f  ï  m  a  e  y  q  u  n  s  q
q  g  j  i  a  ï  m  r  b  b  a  p  a  i  n  z  t  u  d
v  b  c  n  w  w  a  f  v  q  i  t  j  k  w
v  d  l  d  k  k  ï  j  w  s  n  k  d
i  b  p  e  j  j  s  y  h  y  g
ô  h  q  x  n  o  s  f  w  b  c
z  d  z  p  c  t  o  s  k  g  e
c  h  n  o  p  x  u  e  ô  b  o
t  b  t  u  b  f  k  t  e  q
o  c  o  x  d  f  b  y  g  i
z  r  r  b  w  r  l  u  h  s  h
e  v  y  q  g  f  é  o  x  k  f
o  x  x  c  j  d  s  w  d  j  v
```

panda

crêpes

petit-pois   pain

ISBN: 978-1-927042-17-5

c k s e p z u h l ê n s à t g q o a
p e t i t - p o i s d o r â p m m f
u c c q v y b è f i p s ç ê â o ê m
o l c h k c d ô t s p d ï s t a l y
f h k a d x p x r o a j l b e ç b d
r b c r a q u e l i n s m v s s è v z
a u p w p v b - d x c l b q p f
q a g è u â a q t b s z x o p
n o g j n c h e v e u x
g d u c s c l w t
b
a
x

aigle

serpent

girafe

cheveux

main

pâtes

maïs soufflé

dinde

pied

craquelins

tortue

ISBN: 978-1-927042-17-5

1 Les parties du corps
Body Parts

B. 1. la joue
2. le coude
3. les oreilles
4. le nez ; la bouche
5. les sourcils ; la main
6. les yeux
7. les lèvres
8. les genoux
9. les cheveux

C. A: les yeux
B: le nez
C: le menton
D: les cheveux
E: les sourcils
F: la main
G: la bouche
H: les oreilles

D. 1. l'orteil
2. la poitrine
3. le doigt

E. 1. mon visage
2. ta bouche
3. ses lèvres
4. son bras
5. ton oreille
6. mes genoux

F. 1. mes yeux.
2. Voilà ton coude.
3. Voilà ses lèvres.
4. Voilà ses joues.
5. Voilà ma main.
6. Voilà mes genoux.
7. Voilà sa tête.
8. Voilà ses oreilles.

2 Les activités quotidiennes
Daily Activities

B. D: regarder
E: dessiner
A: étudier
B: manger
C: parler

C. 1. vous
2. ils
3. nous
4. elles

D. 1. étudiez
2. aident
3. parle
4. regardes
5. pleurent
6. rêvons
7. écoute
8. pense

E. A: nage
B: pense
C: marchons
D: parlent
E: pleure
F: dansent
G: rêve
H: sommeille
I: écoute
J: mange

F. 1. danser
2. J'aime dessiner des tigres.
3. Sophie aime rêver la nuit.
4. Nous aimons parler.
5. Vous aimez étudier le français.
6. Ils aiment manger leurs légumes.

3 Les émotions
Feelings

B.

les expressions

effrayée
excitée
contente
triste
fâchée

C. (Individual answers)

D. masculine : triste ; gentil ; ennuyé ; fâché ;
  fatigué ; drôle ; timide

  feminine : gentille ; triste ; fâchée ;
  ennuyée ; drôle ; timide

E. 1. heureuse
  2. ennuyé
  3. gentille
  4. fâché
  5. contents
  6. excitée
  7. effrayée

F. (Individual answers)

4 Les viandes et les substituts
Meat and Alternatives

B. (Individual answers)

C. 1. le bœuf   2. la crevette
  3. l'amande   4. le houmous
  5. l'œuf   6. l'arachide

D. 1. les viandes rouges
  2. la volaille
  3. les fruits de mer

E. A: les amandes
  B: les fèves
  C: les haricots de Lima
  D: la dinde

E: les fruits de mer
F: le beurre d'arachide
G: le bœuf
H: les arachides
I: le canard
J: l'agneau
K: les œufs

F. 1. Quel   2. Quelles
  3. Quelle   4. Quelle
  5. Quel   6. Quelles
  7. Quelle   8. Quels
  9. Quelles   10. Quelles

G. 1. Quel bœuf
  2. Quel porc
  3. Quelle arachide
  4. Quelles amandes préférez-vous?
  5. Quels fruits de mer préférez-vous?

5 Les céréales
Grains

B. 1. les grains/le riz/le blé
  2. le pain
  3. le maïs soufflé
  4. les craquelins
  5. les pâtes
  6. les crêpes
  7. A: les crêpes
    B: le gruau
    C: le maïs

C. (Individual answers)
D. (Individual answers)
E. Au déjeuner je mange **des craquelins**.
  Au dîner je mange **du pain**.
  Au souper je mange **du riz**.

F. 1. des   2. du
  3. de l'   4. du
  5. des   6. du
  7. des   8. de la

G. 1. nagez ; You swim in the pool.
   2. arrangeons ; We arrange our papers.
   3. changent ; They change their shoes.
   4. manges ; You eat turkey.
   5. partageons ; We share cookies.
   6. mange ; She eats bread.

H. A: pain
   B: Le garçon mange du maïs soufflé.
   C: La fille mange des crêpes.
   D: Le garçon mange du maïs.
   E: L'oiseau mange des grains.
   F: La souris mange des pâtes.

6 Les nombres : de 1 à 69
Numbers: 1 to 69

B. 0-39 : vingt-cinq ; dix ; vingt-deux ; seize ;
         trente-quatre ; trente
   40-49 : quarante ; quarante-six
   50-59 : cinquante et un ; cinquante-neuf ;
           cinquante-huit
   60-69 : soixante-six

C. 1. quinze
   2. quarante
   3. cinq
   4. cinquante-sept ; cinquante-huit
   5. quarante et un
   6. quarante-cinq ; cinquante-cinq
   7. vingt et un ; vingt-quatre

D. 1. 9   2. 50
   3. 47   4. 18
   5. 53   6. 44
   7. 36   8. 25
   9. cinquante-cinq ; quarante-huit ;
      vingt-six ; cinquante-trois ; trente et un ;
      trente-neuf ; soixante-quatre

E. 1. Quarante
   2. Huit
   3. Cinq

F. 1. Vingt-trois est plus grand que treize.
   2. Cinquante-deux est plus grand que vingt-cinq.
   3. Seize est plus petit que soixante.

7 Les métiers
Professions

B. A: une charpentière
   B: un réalisateur
   C: une factrice
   D: un artiste
   E: un boulanger
   F: un plombier
   G: une pompière
   H: une musicienne

C. un avocat ; une fermière ; une factrice ;
   un infirmier ; la dentiste ; le boulanger ;
   une musicienne ; un réalisateur

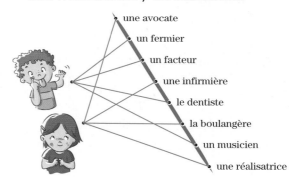

une avocate
un fermier
un facteur
une infirmière
le dentiste
la boulangère
un musicien
une réalisatrice

D. 1. tu   2. vous
   3. vous   4. tu
   5. vous   6. tu

E. 1. son médecin   2. sa sœur

F. 1. policier   2. policière
   3. policière   4. policiers
   5. policières   6. policiers

8 Les expressions avec « avoir »
Expressions with "Avoir"

B. 1. avoir soif   2. avoir honte
   3. avoir mal à   4. avoir six ans
   5. avoir raison   6. avoir tort

C. 1. Tu as treize ans.
   2. Jean a trente-deux ans.
   3. Vous avez quatorze ans.
   4. Marie a six ans.
   5. Mon frère et moi avons neuf ans.
   6. Marc et Tom ont seize ans.
   7. Ma sœur et toi avez onze ans.

D. A: soif
   B: L'homme a soif.
   C: Le fermier a faim.
   D: Jill et toi, vous avez soif.
   E: Les filles ont faim.
   F: Paul et Sylvie ont soif.
   G: Tu as soif.
   H: Paul a faim.

E. 1. du lait
   2. L'étudiant a besoin d'un crayon.
   3. Marie a besoin d'une pomme.
   4. L'avocat a besoin d'un stylo.
   5. L'artiste a besoin de papier.
   6. Ma sœur et moi avons besoin d'un livre.

F. 1. J'ai chaud.
   2. Il a faim.
   3. Elle a raison.
   4. Ils ont soif.
   5. Vous avez peur.
   6. Nous avons du mal à sommeiller.
   7. Nous avons honte.
   8. Elle a mal au dent.
   9. Ils ont envie de danser.
  10. Tu as froid!
  11. Tu as l'air contente.
  12. J'ai besion du lait.
  13. Suzie a l'habitude de manger trop.

9 Les prépositions et les conjonctions
Prepositions and Conjunctions

B.

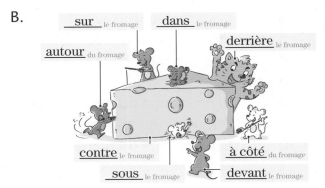

C. 1. sur   2. dans
   3. avec   4. devant
   5. contre   6. sans
   7. au   8. autour

D. 1. à   2. après
   3. avec   4. sous

E. ou ; mais ; et ; parce que ; puis

F. 1. parce qu'   2. et
   3. ou   4. mais
   5. et

G. à ; à ; mais ; parce qu' ; de ; dans ; avec ; de ; dans ; Mais ; avant ; autour ; mais

H. (Individual answer)

I. 1. derrière ; parce qu'
   2. dans ; sous ; sur
   3. après ; avant ; À
   4. à ; de

10 Le zoo
The Zoo

B. 1. une grenouille   2. un panda
   3. un caméléon   4. un koala
   5. un phoque   6. une girafe
   7. un serpent   8. un hibou
   9. A: un guépard
      B: un flamant rose
      C: un vautour
      D: une tortue

C. Dans le ciel : le pélican ; le vautour ;
    le perroquet ; le hibou

    Sur la terre : le chameau ; la girafe ;
    le koala ; l'ours

    Dans l'eau : la tortue ; le dauphin ;
    la pastenague ; le phoque

D. 1. Tu ne sommeilles pas.
    2. Il ne rêve pas.
    3. Elle n'est pas artiste.
    4. Je n'ai pas chaud.
    5. Nous n'avons pas cinq ans.
    6. Ils ne sont pas fâchés.

E. 1. Elle pleure.
    2. Ils aiment leur voiture.
    3. Mon frère lit.

F. 1. Je n'ai pas sommeil.
    2. Ils n'ont pas tort.
    3. Vous n'êtes pas à l'hôpital.
    4. Ma sœur ne regarde pas la télé.
    5. Le chien ne rêve pas des chats.
    6. Luc ne va pas au magasin.
    7. Lucie et moi, nous n'étudions pas à la
    bibliothèque.

C. I
    B
    Which...?: G
    Here is...: A
    I eat...: C
    my crackers: H
    D
    E
    F

D. 1. A   2. B
    3. B   4. A
    5. B   6. A
    7. B   8. C

La révision
Revision

A. 1. une girafe   2. effrayée
    3. trente-six   4. les gaufres
    5. un médecin   6. dessiner
    7. le pied   8. avoir chaud
    9. un hibou   10. une musicienne
    11. la crevette   12. regarder

B. A: un boulanger B: le pain
    C: un ours   D: le maïs soufflé
    E: un pélican   F: quarante-cinq
    G: une factrice H: un serpent
    I: vingt doigts J: les yeux

Mots croisés
Crossword Puzzle

Mots cachés
Word Search